BEI GRIN MACHT SICH IHR WISSEN BEZAHLT

- Wir veröffentlichen Ihre Hausarbeit,
  Bachelor- und Masterarbeit

- Ihr eigenes eBook und Buch -
  weltweit in allen wichtigen Shops

- Verdienen Sie an jedem Verkauf

Jetzt bei www.GRIN.com hochladen
und kostenlos publizieren

Bibliografische Information der Deutschen Nationalbibliothek:

Die Deutsche Bibliothek verzeichnet diese Publikation in der Deutschen National-
bibliografie; detaillierte bibliografische Daten sind im Internet über http://dnb.d-
nb.de/ abrufbar.

Impressum:

Copyright © 2017 GRIN Verlag, Open Publishing GmbH
Druck und Bindung: Books on Demand GmbH, Norderstedt Germany
ISBN: 9783668496033

Dieses Buch bei GRIN:

http://www.grin.com/de/e-book/371182/it-infrastructure-library-itil-eine-kompakte-
einfuehrung

Julia Schmidt

IT Infrastructure Library (ITIL). Eine kompakte Einführung

GRIN Verlag

GRIN - Your knowledge has value

Der GRIN Verlag publiziert seit 1998 wissenschaftliche Arbeiten von Studenten, Hochschullehrern und anderen Akademikern als eBook und gedrucktes Buch. Die Verlagswebsite www.grin.com ist die ideale Plattform zur Veröffentlichung von Hausarbeiten, Abschlussarbeiten, wissenschaftlichen Aufsätzen, Dissertationen und Fachbüchern.

Besuchen Sie uns im Internet:

http://www.grin.com/

http://www.facebook.com/grincom

http://www.twitter.com/grin_com

IT Infrastructure Library® (ITIL®) – Einführung Teil I

Seminararbeit
im Rahmen des Seminars
„Informationsmanagement – Geschäftsprozesse und –workflowautomatisierung"

Wintersemester 16/17

vorgelegt von: Julia Schmidt

Abgabetermin: 2017-02-28

Inhaltsverzeichnis

Abbildungsverzeichnis

Abkürzungsverzeichnis

CCTA	Central Computer and Telecommunications Agency
CMMI	Capability Maturity Model Integration
CO	Cabinet Office
CObIT	Control Objektives for Information an related Technologies
CSI	Continual Service Improvement
GITIMM	Government Information Technology Infrastructure Management Method
ITIL	IT Infrastructure Library
ITSM	IT Service Management
itSMF	IT Service Management Forum
OGC	Office of Government Commerce
PRINCE2	PRojects IN a Controlled Environment
SD	Service Design
SO	Service Operation
SS	Service Strategy
ST	Service Transition

1 Einleitung

IT-Systeme nehmen gerade in der heutigen digitalisierten Welt einen immer höheren Stellenwert an. Durch die aktuellen Herausforderungen hinsichtlich der Globalisierung, des demographischen Wandels sowie der weiteren Megatrends sind Unternehmen dazu gezwungen sich ständig zu verbessern, Innovation zu betreiben und auf die aktuelle Marktsituation flexibel zu reagieren. Die Digitalisierung stellt hierbei einen weiteren wichtigen Megatrend dar, mit welchem sich die Unternehmen beschäftigen müssen. IT-Systeme sind in der heutigen Zeit nicht mehr weg zu denken. Geschäftsprozesse jeglicher Art werden durch IT-Systeme realisiert und resultierend dadurch von IT-Services unterstützt. „Ohne Zweifel tragen diese IT-Services zur optimalen Nutzung der vorhandenen Ressourcen bei und ermöglichen so eine sehr hohe Produktivität.“[1] Durch IT gestützte Geschäftsprozesse kann somit ein entscheidender Wettbewerbsvorteil gewonnen werden. „Optimale Unternehmensprozesse sind die Basis für die dauerhafte Gewinnerzielung einer Organisation.“[2] Die schnelle und innovative Weiterentwicklung von IT-Systemen und IT-Services rufen dennoch eine paradoxe Situation hervor: IT-Services werden immer leistungsfähiger und können zu immer geringeren Kosten bereitgestellt werden, dennoch nimmt der Schaden für das Unternehmen bei Nichterfüllung der IT kontinuierlich zu.[3] Folglich werden Störungen und Ausfälle von IT zur Bedrohung für das Unternehmen. Daraus resultierend besteht das Ziel aus der Bereitstellung von IT Systemen und Services mit einer hohen Qualität, niedriger Ausfallrate aber dennoch muss diese Bereitstellung mit möglichst geringen Kosten und Ausgaben verbunden werden. Die IT Infrastructure Library (ITIL®) bietet eine Möglichkeit mit der zuvor beschriebenen Situation und derer Herausforderungen umzugehen. Ziel dieser Seminararbeit ist es einen kurzen Einblick in die Thematik von ITIL zu geben, indem auf die Historie, ITIL allgemein, die Kernpublikationen sowie den Service-Lebenszyklus eingegangen wird. Des Weiteren sollen die Begriffe Service und Service Management erläutert werden. Die vorliegende Seminararbeit kann somit als eine kompakte Einführung in das Thema ITIL gesehen werden und unterstützt das allgemeine Verständnis dieser Thematik. Der Großteil der Inhalte bezieht sich auf das Buch ITIL 2011 – der Überblick – Alles Wichtige für Einstieg und Anwendung von Bucksteeg u. a. (2012).

---

[1] Beims (2012), S. 1
[2] Schiefer/ Schitterer (2008), S. VI
[3] Vgl. Beims (2012), S. 1

2 Historie

2.1 Einführung

Es existieren mehrere Möglichkeiten mit dem IT Service Management umzugehen, dennoch hat sich der Ansatz von ITIL® hinsichtlich der Konzeption, Steuerung und Optimierung verbreitet und durchgesetzt. ITIL stellt eine historisch gewachsene Bibliothek dar, welche einen allumfassenden, detaillierten und öffentlichen Leitfaden für das IT Service Management bietet. Die Bibliothek basiert auf jahrelangen Erfahrungen und Empfehlungen, welche sich zu einem Best Practices Ansatz entwickelt haben. Die Bedingungen, welche aus den Empfehlungen generiert werden, können auf die eigenen Bedürfnisse und Anforderungen der IT Organisation angepasst werden.[4] Innerhalb der letzten Jahrzehnte hat sich die IT sowie die Organisationsentwicklung kontinuierlich verändert, folglich hat die Bibliothek von ITIL® immer wieder auf diese Veränderungen reagiert und die Inhalte angepasst und sorgt letztendlich für die Aktualität.[5] Mittlerweile hat sich ITIL® von der anfänglichen Version 1 über die Versionen 2 und 3 bis hin zur aktuellsten Version ITIL® Edition 2011 entwickelt. Die folgenden Kapitel werden sich mit dem geschichtlichen Hintergrund der Versionen beschäftigten, um den Ansatz von ITIL® besser einordnen zu können und das Verständnis zu erweitern. Abbildung 1 zeigt einen groben Überblick über die Thematik der nächsten Kapitel.

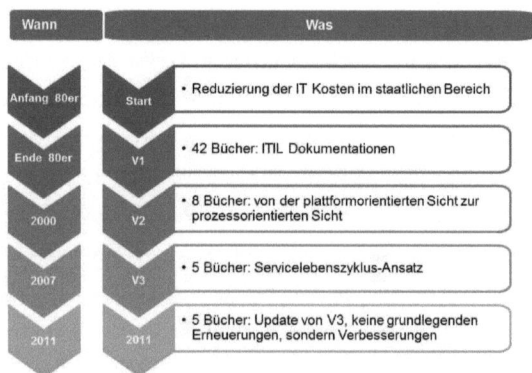

QUELLE: EIGENE DARSTELLUNG.

ABBILDUNG 1 ÜBERBLICK DER HISTORIE VON ITIL

---

[4] Vgl. Bucksteeg u. a. (2012), S. 21
[5] Vgl. Ebel (2014), S. 35f.

2.2   Version 1

Die Regierung von Großbritannien hatte bereits Anfang der 80er-Jahre das Ziel die Kosten der IT im staatlichen Bereich zu senken. Somit beauftragte die Regierung Mitarbeiter aus der öffentlichen Verwaltung nach Möglichkeiten zu suchen, die zu betrachtenden Kosten zu reduzieren.[6] Die Central Computer and Telecommunications Agency (CCTA) erfüllte die oben beschriebene Aufgabe Ende der 80er Jahre durch die Veröffentlichung der sogenannten ITIL®-Dokumentationen. Diese Dokumentationen waren eine Sammlung von Best Practices und beinhalteten Prozessbeschreibungen, welche infolge von Erfahrungen optimiert wurden.[7] Offiziell wurde dieses Projekt 1986 gestartet und als Government Information Technology Infrastructure Management Method (GITIMM) bezeichnet. Innerhalb des Projekts beschäftigte man sich somit mit dem Zusammenführen der Erfahrungen und mit dem Erstellen der Inhalte der Dokumentationen.[8] Das heute noch existierende Benutzerforum IT Service Management Forum (itSMF) wurde 1988 etabliert. Das zuvor beschriebene GITIMM Projekt wurde in, die heute bekannte Bezeichnung, IT Infrastructure Library® (ITIL®) umbenannt. Dies geschah hauptsächlich aufgrund des Verantwortungswechsels von der CCTA zum britischen Office of Government Commerce (OGC).[9] Unter der Leitung der OGC war die ITIL® Bibliothek die größte Ansammlung von Prozessbeschreibungen für das Management und die Steuerung einer IT-Service-Organisation. Mit mehr als 40 Büchern über IT Service entstand somit die ITIL-Version 1.[10] Die Bandbreite sowie die Zielgruppe erweiterte sich aufgrund des Ziels die Bedürfnisse, welche mit ITIL® verbunden waren, auf die Industrie zu übertragen und anzupassen. Schließlich vergrößerte sich also das Potenzial von ITIL® und erhielt immer mehr Akzeptanz, was dazu führte, dass ITIL® sich „zum internationalen De-facto-Standard für IT Service Management"[11] entwickelte. „Um ITIL® anwendbar zu machen, wird sie dabei von namhaften Unternehmen in der ganzen Welt unterstützt."[12]

---

[6] Vgl. Bucksteeg, u. a. (2012), S. 24
[7] Vgl. Ebel (2014), S. 36
[8] Vgl. Ebel (2014), S. 36
[9] Vgl. Bucksteeg, u. a. (2012), S. 25
[10] Vgl. Ebel (2014), S. 36
[11] Ebel (2014), S. 36
[12] Stych / Zeppenfeld (2008), S. 11

2.3 Version 2

Aufgrund der erweiterten Zielgruppe von ITIL® und der kontinuierlichen Weiterentwicklung in den Bereichen der IT wurde die Version 1 verbessert und an die Situation angepasst. Dies geschah zwischen den Jahren 1999 und 2004 indem die Inhalte der Version 1 überarbeitet und modernisiert wurden und in insgesamt neun Bücher zusammengefasst wurden.[13] Somit wurde die Bibliothek von anfangs 40 Büchern in der Version 1 auf neun Bücher in der Version 2 reduziert. Daraus resultierend ist ITIL® V2 kompakter und strukturierter als zuvor. Der Kern dieser Version waren die Bücher Service Support und Service Delivery, welche den Betrieb und die Bereitstellung von IT-Diensten beinhalteten. „Sie beschreiben die Anforderungen, die notwendig sind, um IT-Dienstleistungen auf effektive Weise bereitzustellen und zu betreiben."[14] Des Weiteren sollten durch die V2 flexiblere Strukturen entstehen, um die IT fest in Unternehmen verankern zu können und sie schließlich zu einem wertschöpfenden Faktor entwickeln zu können. Aufgrund der Weiterentwicklung und Veränderung der Informationstechnik sowie der IT-Organisation musste sich auch ITIL® weiterentwickeln.[15] Folgend wurden grundlegende Ansichten geändert. Von der zuvor plattformorientierten Sicht sollte in eine prozessorientierte Sicht umgedacht werden (Abb. 2).

Plattformorientierte Sicht **Prozessorientierte Sicht**

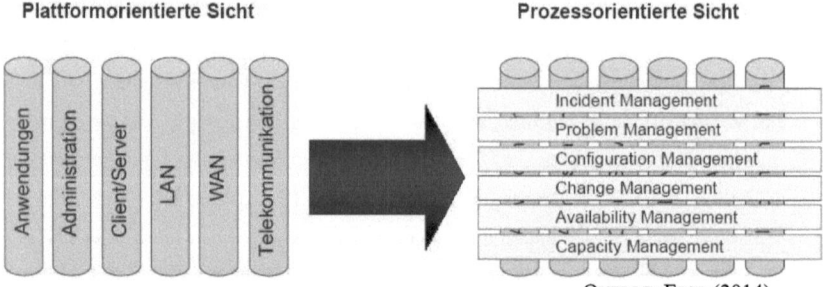

QUELLE: EBEL (2014).

ABBILDUNG 2 VON DER PLATTFORMORIENTIERTEN SICHT HIN ZUR PROZESSORIENTIERTEN SICHT

ITIL® wuchs in den darauffolgenden Jahren zu einem Maßstab der IT-Leistungserbringung sowohl in privaten als auch in öffentlichen Organisationen heran. In diesem Sinne entwickelte sich der Begriff IT Service Management zu einem Pool für

---

[13] Vgl. Bucksteeg, u. a. (2012), S. 25
[14] Ebel (2014), S. 37
[15] Vgl. Ebel (2014), S. 37

alle Maßnahmen, die für jegliche Stakeholder hinsichtlich der IT – Bereitstellung ermesslich waren.[16]

Neben den oben beschriebenen Kernbüchern Service Support und Service Delivery existierten noch andere Veröffentlichungen:

- The Business Perspective

- Planning to Implement Service Management

- Information and Communications Technology Infrastructure Management

- Application Management

- Security Management

- ITIL® Small Scale Implementation

Diese Reihe von Veröffentlichungen wurde aber aufgrund der Dominanz der beiden Bänder Service Support und Service Delivery vernachlässigt. Die Wichtigkeit der übrigen Bänder nahm somit ab.[17]

2.4   Version 3

Die neue ITIL – Version 3 beinhaltete Aktualisierungen und Verbesserungen der Inhalte der vorherigen Version sowie die Einbindung von anderen Frameworks wie z. B. COBIT und erschien im Jahre 2007. Die entscheidende Erneuerung war der Ansatz des Service – Lebenszyklus, der von dort an die Struktur der Kernpublikationen vorgibt.[18] „Das Wesentliche an der neuen ITIL-Version ist der explizite Wechsel von einer auf einzelne Prozessgruppen ausgerichteten Sichtweise zu einem durchgängigen und vollständigen Service-Lebenszyklus– angefangen von der Strategie über Design, Umsetzung und Betrieb der IT Services bis hin zu einem kontinuierlichen Verbesserungsprozess."[19] Auf den Lebenszyklus wird in diesem Kapitel nicht weiter eingegangen, da sich die Rahmenbedingungen in der aktuellsten Version (Edition 2011) nicht grundlegend geändert haben und somit die Inhalte im nächsten Kapitel genauer erläutert werden.

---

[16] Vgl. Ebel (2014), S. 37
[17] Vgl. Ebel (2014), S. 40 ff.
[18] Vgl. Ebel (2014), S. 41
[19] Ebel (2014), S. 42

Dennoch wurden neben dem Ansatz des Lebenszyklus auch inhaltliche Veränderungen vorgenommen. Zum einem wurden sinnvolle Prozesse ergänzt und neue Funktionen beschrieben zum anderen die Informationen bezüglich Rollen vertieft. Des Weiteren nimmt ITIL „nun u. a. auch Bezug auf unterschiedliche Providertypen und verbreitete Sourcing-Strategien sowie auf die wettbewerbsfähige Gestaltung der IT-Services"[20]. Zusammenfassend lässt sich sagen, dass die neue Variante „einen umfassenden Blick auf die Unterstützung der Geschäftsprozesse des Kunden und die Ausrichtung auf den Service-Lebenszyklusansatz"[21] liefert. Im Kapitel 3 wird auf die aktuelle ITIL Edition 2011 eingegangen. Um den „roten Faden" bezüglich der geschichtlichen Einordnung weiterzuführen, wird auf die Historie im Kapitel 3.1 kurz weiter eingegangen, um folgend die Inhalte der Edition 2011kompakt zu erläutern.

---

[20] Beims (2012), S. 12
[21] Ebel (2014), S. 43

3 ITIL® Edition 2011

3.1 Allgemein

Die Verantwortung für ITIL trug bis ins Jahr 2010 die OGC, welche darauf von dem Cabinet Office abgelöst wurde. Ende Juli 2011 wurde das Update der dritten Version veröffentlicht und bewusst ITIL Edition 2011 genannt. Es wurde also nicht von einer vierten Version gesprochen, da es sich nicht um eine komplett neue überarbeitete Version handelt, sondern lediglich um eine Aktualisierung der Version 3.[22] Dennoch bietet die Überarbeitung „eine erheblich höhere Gesamtseitenanzahl im Vergleich zur vorhergehenden Version, und es gibt zahlreiche Detailverbesserungen und Anpassungen der Inhalte"[23]. Dieses Update resultierte aus dem Feedback der Interessensgruppen und sollte somit Unstimmigkeiten eliminieren. Die Klarheit und das gemeinsame Verständnis von Begriffen und Inhalten sollte gestärkt und stabilisiert werden. Zwischen 2013 und 2014 übernahm AXELOS die Rechtinhaberschaft unteranderem für ITIL® aber auch für andere Best-Practice-Veröffentlichungen wie PRINCE2® oder MSP®.[24]

3.2 Service – Lebenszyklus und Kernpublikationen

ITIL Edition 2011 besteht aus insgesamt 5 Büchern, welche als Kernpublikationen bezeichnet werden. Die Kernbücher sollen die Frage „was muss getan werden?" beantworten. „ITIL geht dabei vordergründig darauf ein, WAS zu tun ist, welche Prozesse, Rollen, Aufgaben und Anhängigkeiten abzubilden sind, jedoch nicht, WIE dies konkret im Einzelnen umzusetzen ist."[25] Resultierend wird nicht beschrieben wie etwas getan werden muss. Der Vorteil liegt hierbei, dass ITIL, durch Anpassungen, auf jede IT-Organisation anwendbar ist. Jeder der Kernpublikationen beschreibt eine Phase im Lebenszyklus und beinhaltet die jeweiligen Prinzipen, Prozesse, Funktionen, Organisations- und Technologieaspekte sowie weiter zugehörige Themenfelder.[26]

Die erste Phase im Service – Lebenszyklus steht für die übergeordneten Richtlinien sowie Ziele und nennt sich Service Strategy. Die darauffolgenden Phasen Service Design,

---

[22] Vgl. Ebel (2014), S. 44
[23] Ebel (2014), S. 45
[24] Vgl. Ebel (2014), S. 44 f.
[25] Olbrich (2008), S.1
[26] Vgl. Bucksteeg, u. a. (2012), S. 21

Service Transition und Service Operation repräsentieren die Konzeptionierung, Änderungen und deren Umsetzung sowie den Betrieb. Des Weiteren setzten die zuvor genannten Phasen Strategien und Planungen um. Die letzte Phase im Zyklus wird als Continual Service Improvement bezeichnet und stellt den kontinuierlichen Verbesserungsprozess dar. Dies bedeutet das ständige Verbessern und Lernen innerhalb aller Phasen des Service – Lebenszyklus.[27] In der heutigen dynamischen und innovativen Umgebung, in welcher sich die Marktsituation ständig ändert, ist es unabdinglich kontinuierlich Möglichkeiten zur Verbesserung und Weiterentwicklung zu generieren. Die folgende Abbildung zeigt die Phasen im Service – Lebenszyklus.

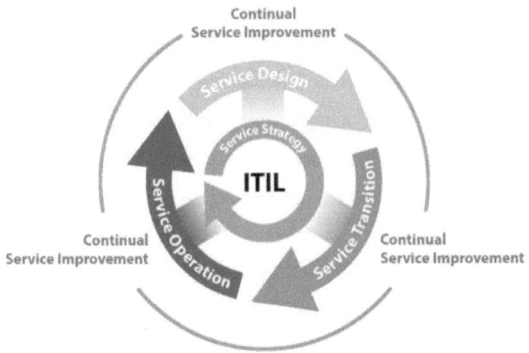

QUELLE: EBEL (2014).

ABBILDUNG 3 DER ITIL-SERVICE-LEBENSZYKLUS (NACH AXELOS-MATERIAL (ITIL®))

Das zentrale Element, welches sich im Mittelpunkt des Lebenszyklus befindet, soll bildlich gesehen dafür sorgen, dass das „Rad rund läuft". Diese Aufgabe übernimmt hierbei die Service Strategy. Innerhalb dieser Phase werden unter anderem die strategische Ausrichtung und die Definition des IT Services festgelegt. Dem zentralen Element zur Folge hat die Service Strategy Auswirkungen auf alle weiteren Phasen des Lebenszyklus. Bildhaft gesehen folgt darauf das Rad, welches durch die drei Phasen Service Design, Service Transition und Service Operation zum Laufen gebracht werden soll. Die IT – Services werden konzipiert (Service Design), entwickelt und folglich in die Betriebsumgebung überführt (Service Transition). Anschließend wird der Betrieb auf Funktionalität überwacht (Service Operation). Das Rad wird von einem kontinuierlichen Verbesserungsprozess umschlossen, welcher über alle Phasen mögliche Verbesse-

---

[27] Vgl. Bucksteeg, u. a. (2012), S. 21

rungen generieren soll. „Im Grunde genommen steht der Service Lifecycle für die gesamte Lebensdauer eines IT Service: von seiner Entstehung an bis hin zu seiner Stilllegung, d.h. bis zu dem Zeitpunkt, an dem er wieder aus dem Betrieb verschwindet."[28] Die einzelnen Phasen bestehen zudem aus verschiedenen Themenbereichen mit unterschiedlichen Prozessen. Da durch die vorliegende Seminararbeit nur ein grober Überblick entstehen soll, werden im Folgenden die Prozesse aufgezeigt, jedoch nicht genauer beschrieben.

Service Strategie (SS)

Diese Kernpublikation kann als eine Anleitung zum Entwerfen, zur Entwicklung und Implementierung von Service Management gesehen werden. Unter anderem geht es hierbei um die Entwicklung von internen und externen Märkten, Service Assets und die Implementierung der Strategie.[29] Des Weiteren werden die Anforderungen für einen Service Provider definiert, um die Geschäftsanforderungen zu unterstützen.[30] Die Themenbereiche bzw. Prozesse innerhalb dieses Buches bestehen aus:

- Strategy Management for IT Services
- Financial Management
- Service Portfolio Management
- Demand Management
- Business Relationship Management[31]

Service Design (SD)

Diese Phase bietet einen Leitfaden für das Entwerfen und Entwickeln von Services und Prozessen. Es soll ein Portfolio von Services und Service Assets entstehen, welche durch Design-Prinzipien und Methoden etabliert werden können.[32] Die Phase „umfasst mehrere Methoden, mit denen sichergestellt wird, dass die Services unter Berücksichtigung der Geschäftsziele entworfen werden"[33].Wichtige zu beachtende Prozesse sind hier:

- Design Coordination

---

[28] Bucksteeg, u. a. (2012), S. 22
[29] Vgl. Bucksteeg, u. a. (2012), S. 21
[30] Vgl. van Bon (2013), S. 21
[31] Vgl. Bucksteeg, u. a. (2012), S. 22
[32] Vgl. Bucksteeg, u. a. (2012), S. 21
[33] van Bon (2013), S. 21

- Service Cataloque Management
- Service Level Management
- Capacity Management
- Availability Management
- IT Service Continuity Management
- Information Security Management
- Supplier Management[34]

Service Transition (ST)

Diese Phase repräsentiert die (Weiter-)Entwicklung von Fähigkeiten hinsichtlich der Einführung von neuer oder geänderter Services in die Produktivumgebung.[35] Am Ende dieser Phase ist der Service bereits online und wurde somit in den Betrieb überführt. Innerhalb dieser Phase sind folgende Prozesse zu beachten:

- Transition Planning and Support
- Change Management
- Service Asset and Configuration Management
- Release and Deployment Management
- Service Validation and Testing
- Change Evaluation
- Knowledge Management[36]

Service Operation (SO)

Diese Kernpublikation beschäftigt sich mit dem fortlaufenden Betrieb und betrachtet diesen unter Angesicht der Punkte Effizienz und Effektivität der Service-Bereitstellung und –Erbringung.[37] Hier wird also gemessen wie gut wir sind und in welchem Umfang wir die aufgestellten Anforderungen erfüllen. Wichtige Prozesse und Funktionen, welche dafür zu berücksichtigen sind:

- Event Management
- Incident Management

---

[34] Vgl. Bucksteeg, u. a. (2012), S. 22
[35] Vgl. Bucksteeg, u. a. (2012), S. 21
[36] Vgl. Bucksteeg, u. a. (2012), S. 22
[37] Vgl. Bucksteeg, u. a. (2012), S. 21

- Request Fulfilment
- Problem Management
- Application Management (Funktion)
- Technical Management (Funktion)
- IT Operations Management (Funktion)
- Service Desk (Funktion)[38]

Continual Service Improvement (CSI)

Diese Publikation bietet Instrumente und Anleitungen zur kontinuierlichen Verbesserung der Services und der Verbesserung aller Themen innerhalb des Lebenszyklus.[39] Ein wichtiger Ansatz bietet hierbei der 7 Step Improvement Process, welcher eine Vorgehensweise zur kontinuierlichen Verbesserung bietet. „Der 7-step Improvement Process ist ein Prozess zur Durchführung von Verbesserungsmaßnahmen, der im Wesentlichen von Demings Qualitätskreis abgeleitet ist."[40] Die folgende Abbildung fasst diesen Prozess und dessen Schritte zusammen.

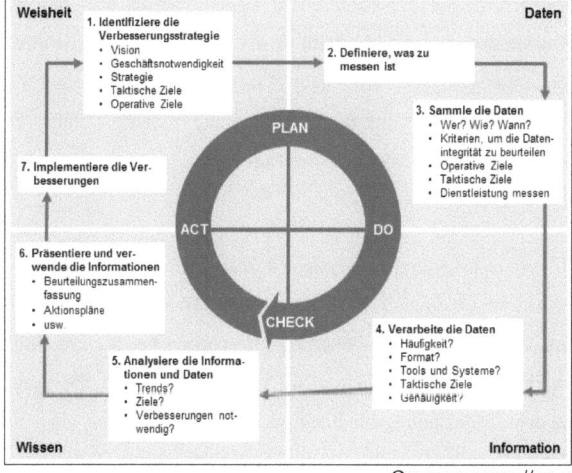

QUELLE: HTTP://OS.ITIL.ORG/DE/.

ABBILDUNG 4 7 STEP IMPROVEMENT PROCESS

---

[38] Vgl. Bucksteeg, u. a. (2012), S. 22
[39] Vgl. Bucksteeg, u. a. (2012), S. 22
[40] Huber (2011), S. 63

3.3 Frameworks / Publikationen

IT Provider und IT Organisationen müssen sich mit einer Reihe von internen Anforderungen und Kundenanforderungen auseinander setzen, dennoch dürfen die externen Vorgaben und Richtlinien nicht vernachlässigt werden. Es existiert eine Reihe von externen Vorgaben, welche ITIL aufgegriffen hat. Diese Themen sowie Modelle wurden ebenso aus Erfahrungen und Empfehlungen generiert und bei Übereinstimmung oder bei möglichen Schnittstellen hinsichtlich IT Service Management in ITIL implementiert. Somit nimmt ITIL „auf eine Reihe von Regelwerken, Best Practices und Frameworks Bezug".[41] Somit nehmen auch externe Regelwerke Einfluss auf den Lebenszyklus. Dadurch erweitern sich der Horizont und die Bandbreite von ITIL. Dies erhöht weiterhin die Akzeptanz von ITIL und erleichtert es die Inhalte an die jeweilige IT Organisation anzupassen. Im Folgenden werden einige Beispiele genannt.

ISO/IEC 200000

Die ISO/IEC 20000 stellt einen Standard für Unternehmen dar, welche IT Services für interne und/oder externe Kunden bereitstellen wollen. Hierbei wird das jeweilige Management-System hinterfragt und überprüft ob die IT-Organisation alle ihre IT-Service-Management-Prozesse zur jeder Zeit unter Kontrolle hat.[42] „Mit einer Zertifizierung nach ISO/IEC 20000 versichern Sie Ihren internen und externen Kunden, dass Ihre Organisation IT-Services in angemessener Qualität bietet."[43]

V-Modell

Dieses Modell kommt ursprünglich aus dem militärischen Bereich, hat sich aber durch die Weiterentwicklung (V-Modell XT) im gesamten öffentlichen Bereich etabliert. Seit 2004 ist dieses Modell für Bundesbehörden hinsichtlich bei der Durchführung eines Software-Entwicklungsprojekts Pflicht. Das V-Modell TX gibt die gesamte Vorgehensweise von dem Projektantrag bis hin zum Betrieb des Systems vor.[44] Somit ist das V-Modell XT ein „Vorgehensmodell für die Durchführung von IT-Projekten, insbesondere zur Entwicklung von Softwaresystemen"[45].

[41] Bucksteeg, u. a. (2012), S. 22
[42] Vgl. Bucksteeg, u. a. (2012), S. 22
[43] o. V. (2014), S. 1
[44] Vgl. Bucksteeg, u. a. (2012), S. 23
[45] Der Beauftragte der Bundesregierung für Informationstechnik (2017)

Capability Maturity Model Integration (CMMI)

CMMI ist ein Prozessmodell, welches die Qualität eines Produktentwicklungsprozesses beurteilen sowie verbessern soll. Im Endeffekt wird somit auch die Qualität des Produktes / der Dienstleistung gemessen. Die Qualität wird in fünf verschiedenen Reifegraden ausgedrückt: von CMM 1 (initial) bis hin zu CMM 5 (optimiert). Der Reifegrad 1 stellt hierbei die niedrigste- und der Reifegrad 5 den höchsten Wert der Qualität dar.[46]

Six Sigma

Six Sigma ist eine Methode des Qualitätsmanagements und soll dazu führen Produkte und Dienstleistungen möglichst fehlerfrei zu produzieren, erstellen und anzubieten.[47] Six Sigma hat das Ziel die Streuung zu minimieren und somit Fehler zu vermeiden. Diese Methode arbeitet mit statistischen Analysen und basiert folglich auf Fakten.

PRojects IN a Controlled Environment® (PRINCE2®)

Dieses Modell stammt ebenso von der OGC und repräsentiert ein strukturiertes Projektmanagement. Dieses besteht aus einem vorgehens- und ergebnisorientierten Phasenmodell. PRINCE2® setzt sich aus vier Bausteinen zusammen: die Prozesse, die Themen, die Grundprinzipien und das Anpassen an die Projektumgebung. Zusammenfassend bietet dieses Modell einen Leitfaden von der Vorbereitung eines Projektes bis hin zum Projektabschluss.[48]

Control Objektives for Information an related Technologies (CObIT)

CObIT ist ein Modell zur Prüfung und Steuerung der IT. Es wurde von der ISACA (internationaler Berufsverband der IT-Prüfer(innen)) entwickelt.[49] „The COBIT 5 framework for the governance and management of enterprise IT is a leading-edge business optimization and growth roadmap that leverages proven practices, global thought leadership and ground-breaking tools to inspire IT innovation and fuel business success."[50]

---

[46] Vgl. Bucksteeg, u. a. (2012), S. 23
[47] Vgl. Bucksteeg, u. a. (2012), S. 23
[48] Vgl. Bucksteeg, u. a. (2012), S. 23
[49] Vgl. Bucksteeg, u. a. (2012), S. 23
[50] CObIT (2017)

Die zuvor erläuterten Modelle waren nur ein Auszug der Regelwerke und Frameworks, auf welche ITIL Bezug nimmt. Es existiert noch eine Reihe von weiteren Ansätzen, welche aber in dieser Seminararbeit nicht alle vorgestellt werden können. Die folgende Abbildung fasst die zuvor bearbeitete Thematik nochmals zusammen.

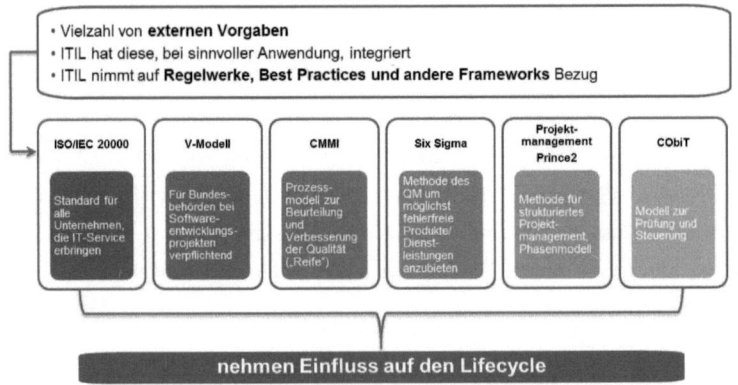

QUELLE: EIGENE DARSTELLUNG.

ABBILDUNG 5 EINFLUSS ANDERER FRAMEWORKS AUF ITIL (BEISPIELE)

3.4 Sammlung von Best Practices

Aus den vorherigen Kapiteln ist herausgegangen, dass ITIL eine Sammlung von Büchern ist, welche auf Best Practices basieren. ITIL ist durch Erfahrungen gewachsenen und hat sich zu einem de facto-Standard entwickelt. In diesem Kapitel sollen die Vorteile dieser Herangehensweise aufgezeigt werden, um zusammenfassend den resultierenden Nutzen bei der Einführung von ITIL darzustellen.

Im Kern steht die Erhöhung der Effizienz und Effektivität. Durch diese Erhöhung kann eine Kostensenkung gewonnen werden und darauf folgend steigt die Kundenzufriedenheit.[51] Kundenzufriedenheit steht auch im IT Bereich an erster Stelle, denn nur so kann ein Unternehmen wettbewerbsfähig bleiben.

Die Effektivität drückt aus ob die richtigen Dinge getan wurden und somit das Ziel erreicht wurde. Die Effizient hingegen repräsentiert den Weg zu Zielerreichung und steht dafür ob wir die Dinge richtig getan haben. Hierbei wird das Verhältnis zwischen Input und Output berücksichtigt.

---

[51] Vgl. Bucksteeg, u. a. (2012), S. 24

Darüber hinaus ergeben sich noch weiterführende Vorteile bei der Nutzung von ITIL. Die folgende Abbildung zeigt diese exemplarisch auf.

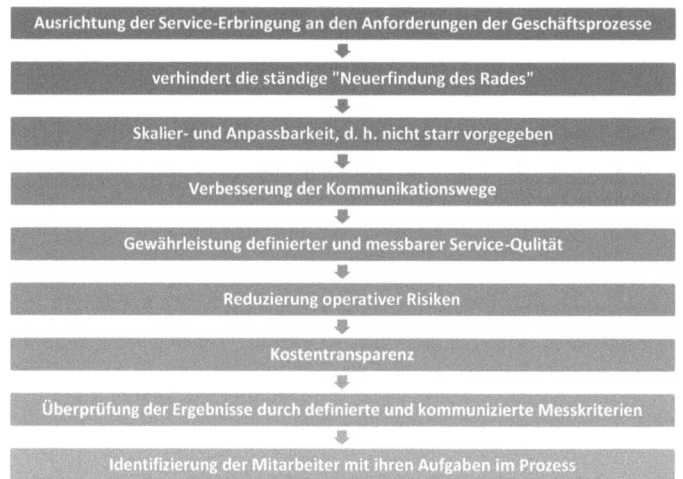

QUELLE: EIGENE DARSTELLUNG IN ANLEHNUNG AN BUCKSTEEG, U. A. (2012).

ABBILDUNG 6 MÖGLICHE VORTEILE DURCH DIE NUTZUNG VON ITIL

Es entstehen Kostensenkungspotenziale durch die Nutzung von standardisierten Prozessen, Funktionen und durch die langfristige Optimierung. ITIL zielt somit darauf ab die Service-Qualität zu steigern und damit einhergehend die Kundenzufriedenheit zu erhöhen. Die Kommunikationswege werden durch ein einheitliches Vokabular im IT Service Management verbessert.[52] Dies trägt zu einem gemeinsamen Verständnis aller Beteiligten bei. Schließlich können so die angestrebten Ziele effektiver und effizienter erreicht werden. Dadurch kann letztendlich ein weitere Vorteil entstehen: durch die Struktur und die festgelegte Zuständigkeiten in ITIL kann eine höhere Mitarbeiterzufriedenheit erzielt werden, mit dem Nebeneffekt, dass die Personalfluktuation niedrig bleibt bzw. sukzessiv abnimmt.[53]

---

[52] Vgl. Bucksteeg, u. a. (2012), S. 24
[53] Vgl. Stych / Zeppenfeld (2008), S. 13 f.

4 Service und Service Management

4.1 Definitionen

In der vorliegenden Seminararbeit wurden unter anderem häufiger die Begriffe Service und Service Management genutzt. Folglich hängt ITIL eng mit dem Begriff IT Service Management zusammen. Wie schon zuvor erwähnt soll ITIL auch ein einheitliches Vokabular bieten. In diesem Kapitel werden somit einige wichtige Begriffe definiert, um ein gemeinsames Verständnis zu generieren.

Service

„Ein Service ist ein Mittel zur Generierung von Nutzen für die Kunden. Er liefert den Kunden vereinbarte Ergebnisse, ohne dass diese für die service-spezifischen Kosten und Risiken Verantwortung tragen müssen."[54] Hierbei ist also insbesondere auf die zuvor definierten Anforderungen der Kunden zu achten.

IT Service

„Ein IT Service wird durch einen IT Service Provider den internen oder externen Kunden bereitgestellt. Er besteht aus einer Kombination von Informationstechnologie, Menschen und Prozessen."[55] Die Ziele und Anforderungen der Kunden sollten auch hier definiert werden und in Service-Level-Vereinbarungen festgehalten werden. In der Regel soll der IT Service die Geschäftsprozesse der Kunden unterstützen.[56]

Service Management

„Service Management ist definiert als Bündel von spezialisierten organisatorischen Fähigkeiten (Kernkompetenzen), die in Form von Services einen Wertbeitrag für den Kunden erbringen."[57] Durch die eingesetzten Ressourcen und Prozessen sollen Service entstehen, welche Nutzen für die Kundenseite vollbringen. Bei ITIL beispielsweise steht der Lebenszyklus im Mittelpunkt, welcher die jeweiligen Unternehmenszielen und die IT zusammenführen soll und somit zur Wertschöpfung beitragen soll.[58]

IT Service Management

---

[54] Bucksteeg, u. a. (2012), S. 26
[55] Bucksteeg, u. a. (2012), S. 26
[56] Vgl. Bucksteeg, u. a. (2012), S. 26
[57] Bucksteeg, u. a. (2012), S. 26
[58] Vgl. Bucksteeg, u. a. (2012), S. 26

„IT Service Management (ITSM) ist als Implementierung und Management von IT Services anzusehen, das den Anforderungen des Business entspricht."[59] Auch hier geschieht dies durch einen IT Provider. Das IT Service Management ist eine Verbindung aus Menschen, Prozessen und Technologien.[60]

4.2 Warranty und Utility

Im vorherigem Kapitel wurde beschrieben, dass IT Services sowie das IT Service Management im Endeffekt die Anforderungen des Kunden (intern oder extern) erfüllen sollen und somit den Nutzen dessen steigern soll. ITIL nutzt zwei Perspektiven um genau diesen Wert des Services, also den Nutzen des Kunden, zu bestimmten. Auf der einen Seite steht die Funktionalität eines Services (Utility) und auf der anderen Seite geht es um die Absicherung des positiven Effektes hinsichtlich der Funktionalität (Warranty).[61] Abbildung 7 zeigt die Zusammenhänge zwischen Utility und Warranty.

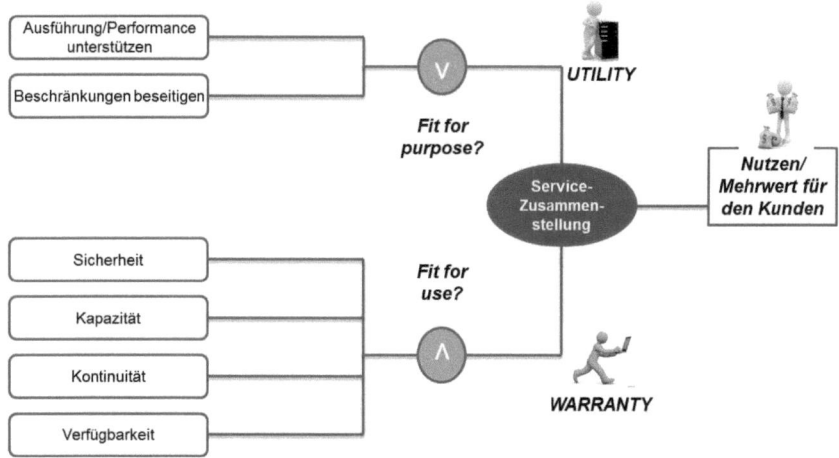

QUELLE: BUCKSTEEG, U. A. (2012).

ABBILDUNG 7 WARRANTY UND UTILITY

Die Utility beantwortet die Frage, ob der Service fit für den gewollten Zweck ist. Der Zweck des Services besteht entweder aus einer Steigerung der Leistungsfähigkeit und damit einhergehend einer Unterstützung der Performance *oder* aus einer Beseitigung

---

[59] Bucksteeg, u. a. (2012), S. 26
[60] Vgl. Bucksteeg, u. a. (2012), S. 26
[61] Vgl. Bucksteeg, u. a. (2012), S. 26

von Beschränkungen beispielweise durch Aufhebung oder Optimierung von Zugriffsrechten. Die Utility beschreibt also „was" als Service erbracht werden soll. Hierzu zählen z. B. auch neue Anwendungen oder Werkzeuge, die wiederum die Produktivität der Mitarbeiter verbessert.[62] Die Warranty bezieht sich auf die Frage „wie" dieser Zweck sichergestellt werden kann. Der gewollte Service besitzt definierte Anforderungen, welche durch die Warranty gesichert werden sollen. ITIL bezieht sich hierbei auf vier Qualitätsaspekte, welche *alle* expliziert erfüllt werden müssen um in Verbindung mit der Utility den Nutzen des Kunden zu erhöhen. Die Qualitätsaspekte beinhalten die Sicherheit, die Kapazität, die Kontinuität sowie die Verfügbarkeit.[63]

Erst die Zusammenführung von Utility und Warranty führt zu der gewünschten Wertsteigerung und somit zum Nutzen des Kunden.

4.3   Stakeholder

Unabhängig der Art eines Projektes, ist es wichtig sich seiner Stakeholder bewusst zu sein. Folglich existieren auch bei ITIL Stakeholder, welche berücksichtigt werden müssen. Im Folgenden wird auf die wichtigsten Stakeholder hinsichtlich ITIL eingegangen, um wiederum ein einheitliches Verständnis zu schaffen.

Stakeholder

Allgemein sind Stakeholder Interessensgruppen, welche Interesse an einem Unternehmen, Organisation, Projekt, Prozess oder Service besitzen und den jeweiligen Betrachtungsraum beeinflussen oder von diesem beeinflusst werden.[64]

Kunde

Die Kundenzufriedenheit und die Steigerung des Wertes des Kunden stehen bei ITL im Fokus. Somit ist es unabdingbar den Kunden explizit für IT Projekte und damit auch für ITIL zu definieren. „Der Kunde ist befugt, im Namen der Organisation(seinheit) und damit stellvertretend für deren Anwender Vereinbarungen über die Inansapruchnahme von Services mit dem Dienstleister (der IT-Organisation bzw. dem IT Service Provider) zu treffen."[65] Es kann zusätzlich noch zwischen internen und externen Kunden unter-

---

[62] Vgl. Bucksteeg, u. a. (2012), S. 26
[63] Vgl. Bucksteeg, u. a. (2012), S. 26
[64] Vgl. Bucksteeg, u. a. (2012), S. 27
[65] Bucksteeg, u. a. (2012), S. 27

schieden werden. Interne Kunden gehören der zu derselben Organisation wie der Provider und externe Kunden gehören schließlich einer anderen Organisation an.

Anwender

Da es sich bei ITIL um die Bereitstellung von IT Services handelt, muss ebenso geklärt werden, wer diesen Service benutzt und anwendet. ITIL beschreibt den Anwender wie folgt: „Personen, die einen IT Service für ihre tägliche Arbeit nutzen."[66] Basierend auf der Definition des Kunden sowie des Anwenders, kann der Anwender auch gleichzeitig der Kunde sein. Dennoch besteht ebenso die Möglichkeit, dass der Kunde den IT Service nicht direkt nutzt.

Lieferanten

Ein Prozess bzw. ein Projekt enthält neben den Inhalten und den Kunden auch Lieferanten. Auch diese müssen bei ITIL betrachtet und definiert werden. Lieferanten sind „Drittanbieter, die verantwortlich sind für die Lieferung von Gütern oder Services, die notwendig sind, um IT Services anbieten zu können".[67] Lieferanten und deren Qualität hinsichtlich Produkte o. Dienstleistungen sind ebenso ausschlaggebend für unsere Qualität als Anbieter und haben somit Auswirkungen auf die Kundenzufriedenheit.

Die zuvor definierten Stakeholder stellen die wichtigsten Interessensgruppen in ITIL dar. Ein einheitliches Verständnis über diese ist entscheidend für die makellose Kommunikation innerhalb eines Projektes. Durch die Definitionen in ITIL werden Missverständnisse von vornherein vermieden und der Fokus kann direkt auf der Zielerreichung fallen. Zu beachten ist, dass es zusätzlich zu den erläuterten Stakeholdern auch noch weitere interne und externe Stakeholder existieren.

---

[66] Bucksteeg, u. a. (2012), S. 28
[67] Bucksteeg, u. a. (2012), S. 28

5   Fazit

Durch die aktuellen Herausforderungen des Marktes sind Unternehmen und Organisationen dazu gezwungen sich ständig zu verbessern, um wettbewerbsfähig zu bleiben. In diesem Zusammenhang nimmt auch die IT in Unternehmen und Organisationen immer mehr an Bedeutung an. Die IT Organisation innerhalb des Unternehmens aber auch externe IT Dienstleister wollen qualitativ hohe IT Services zu geringen Kosten anbieten. ITIL stellt sich durch Best Practice Ansätze diesen Herausforderungen und bietet eine soliden Leitfaden zur Entwicklung, Einführung und Bereitstellung von IT Services.

Die vorliegende Seminararbeit sollte einen Einstieg in das Thema ITIL bieten. ITIL ist eine historisch gewachsene Bibliothek. Aufgrund dessen wurde zunächst die Historie von ITIL beschrieben. Danach wurde die aktuelle ITIL Edition 2011 erläutert, indem die Kernpublikationen und der Lifecycle beschrieben worden ist. Ein wichtiges Thema bezüglich ITIL ist das (IT) Service Management. Um eine gemeinsame Sprache zu entwickeln wurden die wichtigsten Definitionen vorgestellt und die Stakeholder abgegrenzt. Des Weiteren wurde der Nutzen des Kunden aus der Sicht von ITIL erläutert.

Zusammenfassend hat sich ITIL als de facto – Standard etabliert und wird sich mit hoher Wahrscheinlichkeit noch weiter verbreiten. Zusätzlich wird ITIL auch auf zukünftige Veränderungen im Bereich der IT und der Organisationsentwicklung eingehen, um die Aktualität sicherzustellen

Literaturverzeichnis

Beims, M. (2012): IT Service Management in der Praxis mit ITIL®, 3. Auflage, München.

Bucksteeg, M. u. a. (2012): ITIL 2011 – der Überblick – Alles Wichtige für Einstieg und Anwendung, 1. Auflage, München.

CObIT (2017): What is COBIT 5? Online verfügbar unter: https://www.isaca.org/COBIT/Pages/default.aspx [Stand 28.02.2017].

Der Beauftragte der Bundesregierung für Informationstechnik (2017): Das V-Modell XT. Online verfügbar unter: http://www.cio.bund.de/Web/DE/Architekturen-und-Standards/V-Modell-XT/vmodell_xt_node.html [Stand 28.02.2017].

Ebel, N. (2014): Basiswissen ITIL® 2011 Edition, 1. Auflage, Heidelberg.

Huber, M; Huber, G. (2011): Prozess- und Projektmanagement für ITIL®, 1. Auflage, Wiesbaden.

o. V. (2014): Zertifizierung nach ISO/IEC 20000 – ein systematischer Ansatz. Online als PDF verfügbar unter: http://www.tuev-sued.de/uploads/images/1421143817620788620278/tuv-sud-de-iso-20000-it-service-management.pdf [Stand 28.02.2017].

o. V. (o. J.): 7 Step Improvement Process. Online verfügbar unter: http://os.itil.org/de/vomkennen/itil/serviceimprovement/csiprozesse/siebenstufen.php [Stand 28.02.2017].

Olbrich, A. (2008): ITIL kompakt und verständlich, 4. Auflage, Wiesbaden.

Schiefer, H.; Schitterer, E. (2008): Prozesse optimieren mit ITIL®, 2. Auflage, Wiesbaden.

Stych, C.; Zeppenfeld, K. (2008): Informatik im Fokus - ITIL®, 1. Auflage, Heidelberg.

van Bon, J. (2012): ITIL - Das Taschenbuch, 2. Auflage, Zaltbommel.